COLORLESS
ART

BY JAYREX HALE

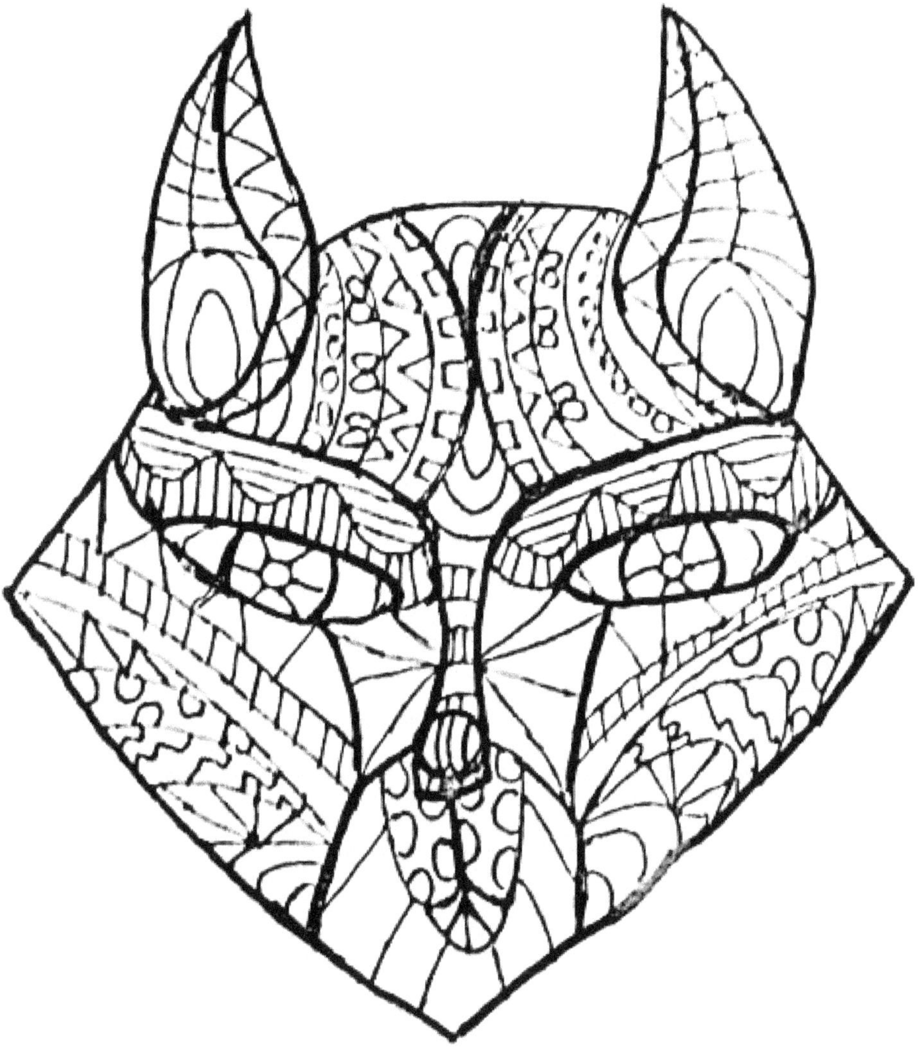

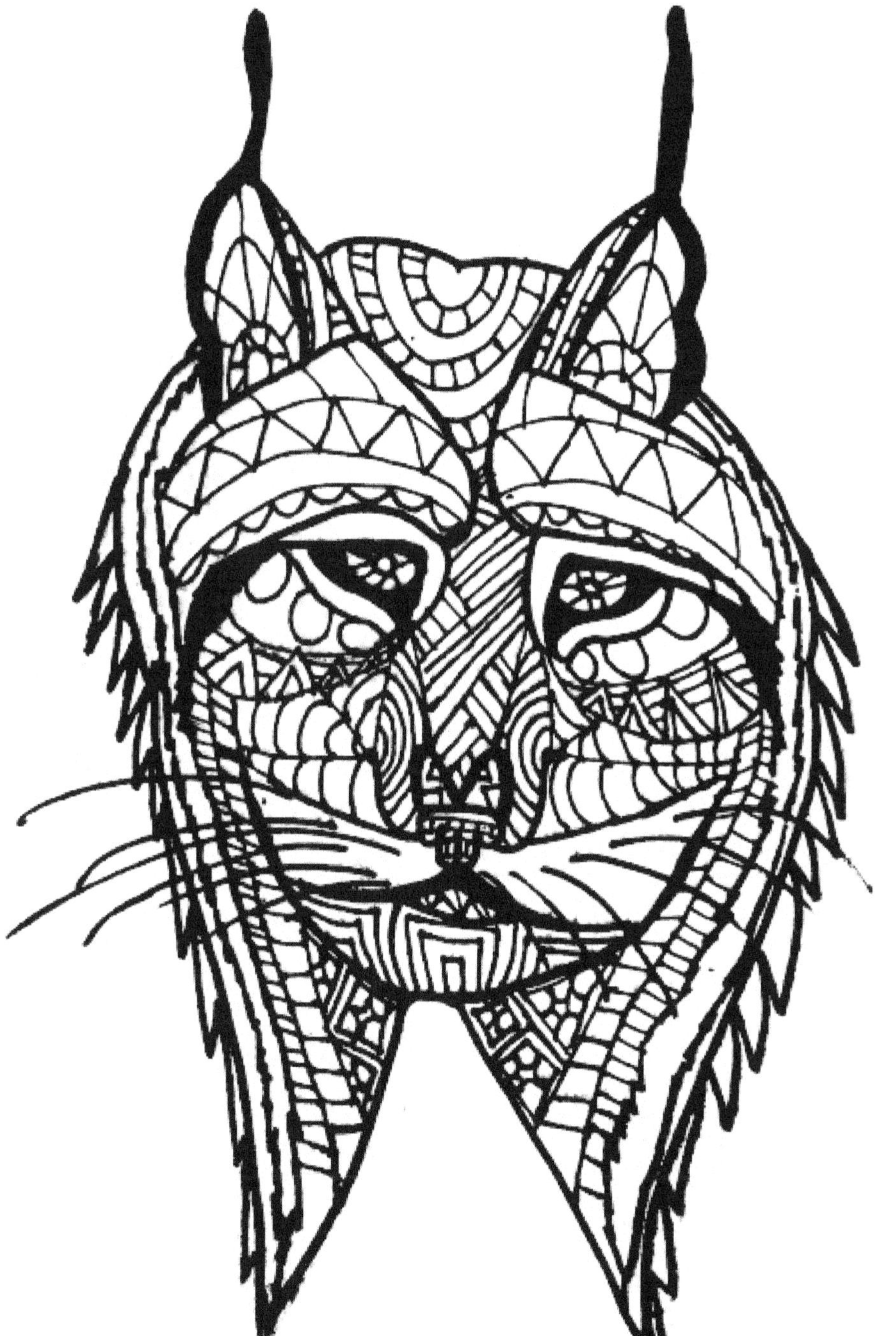

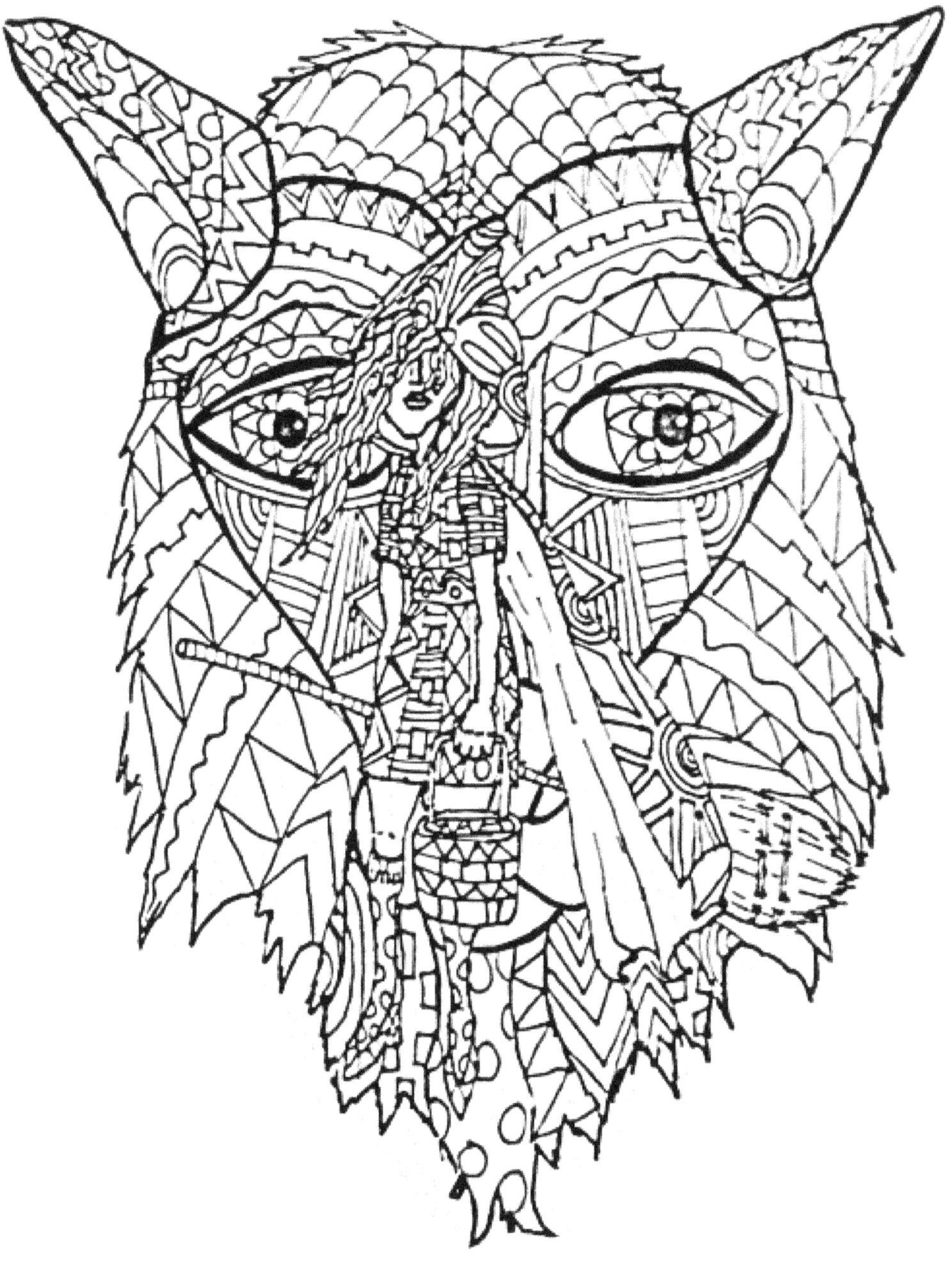

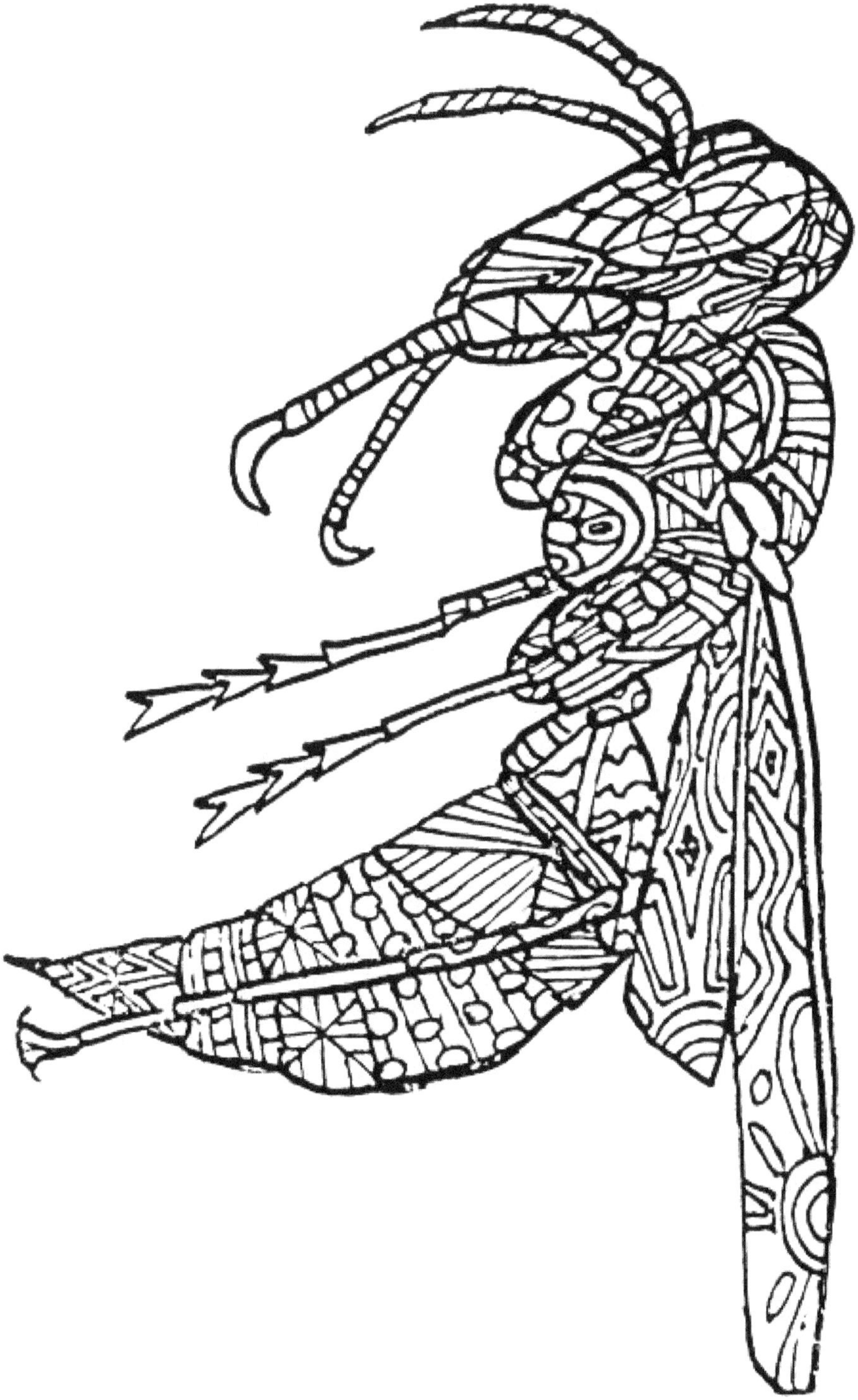

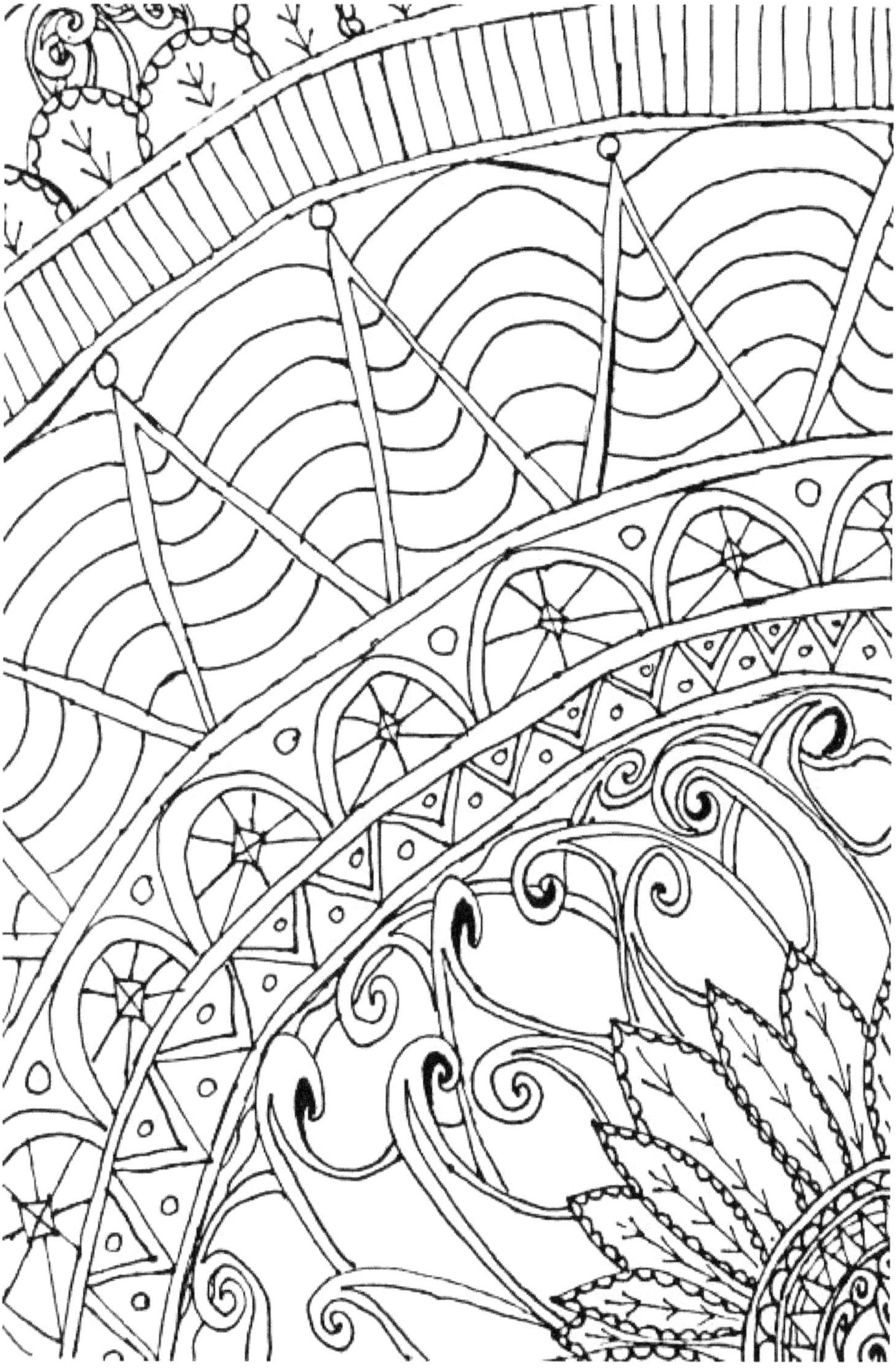

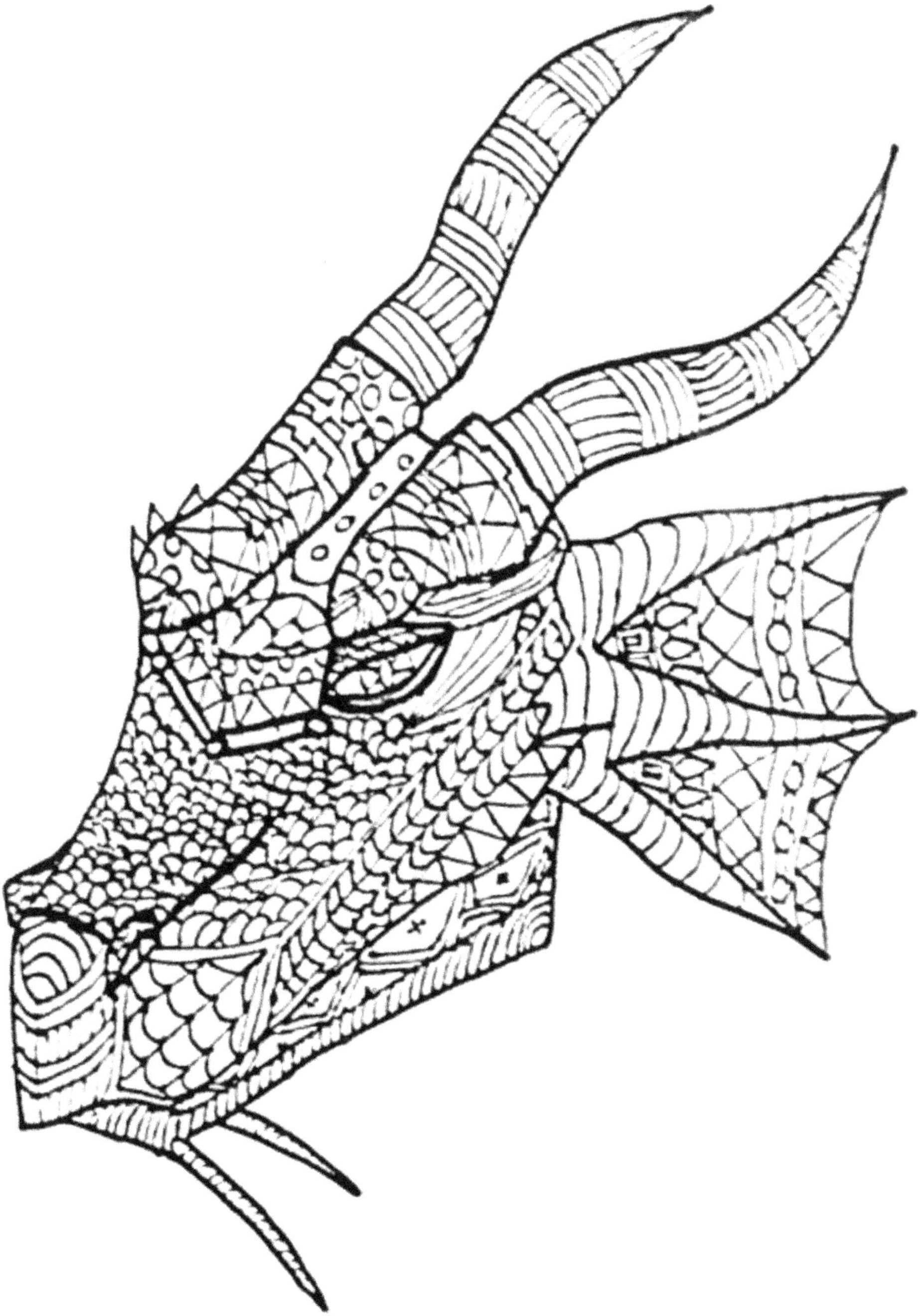

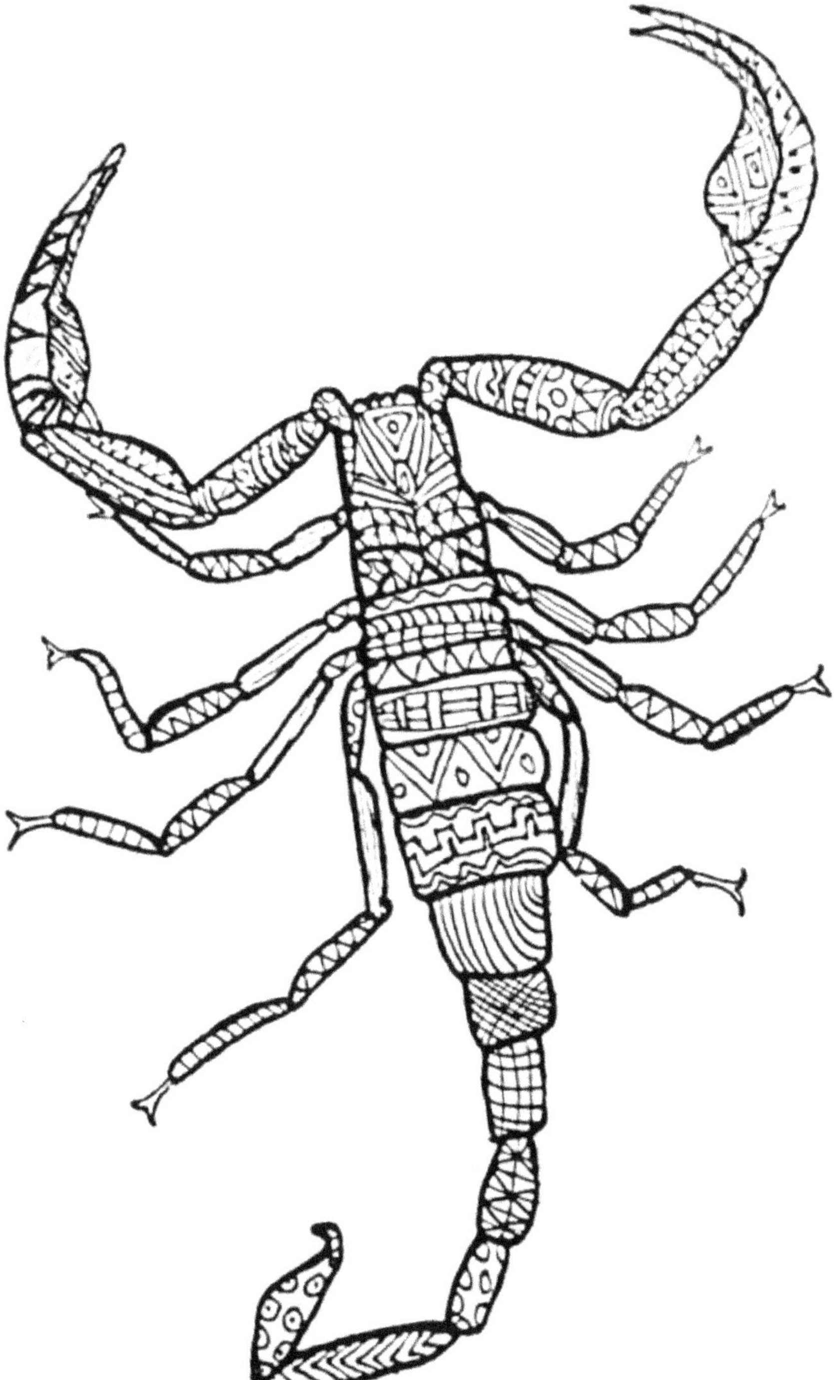

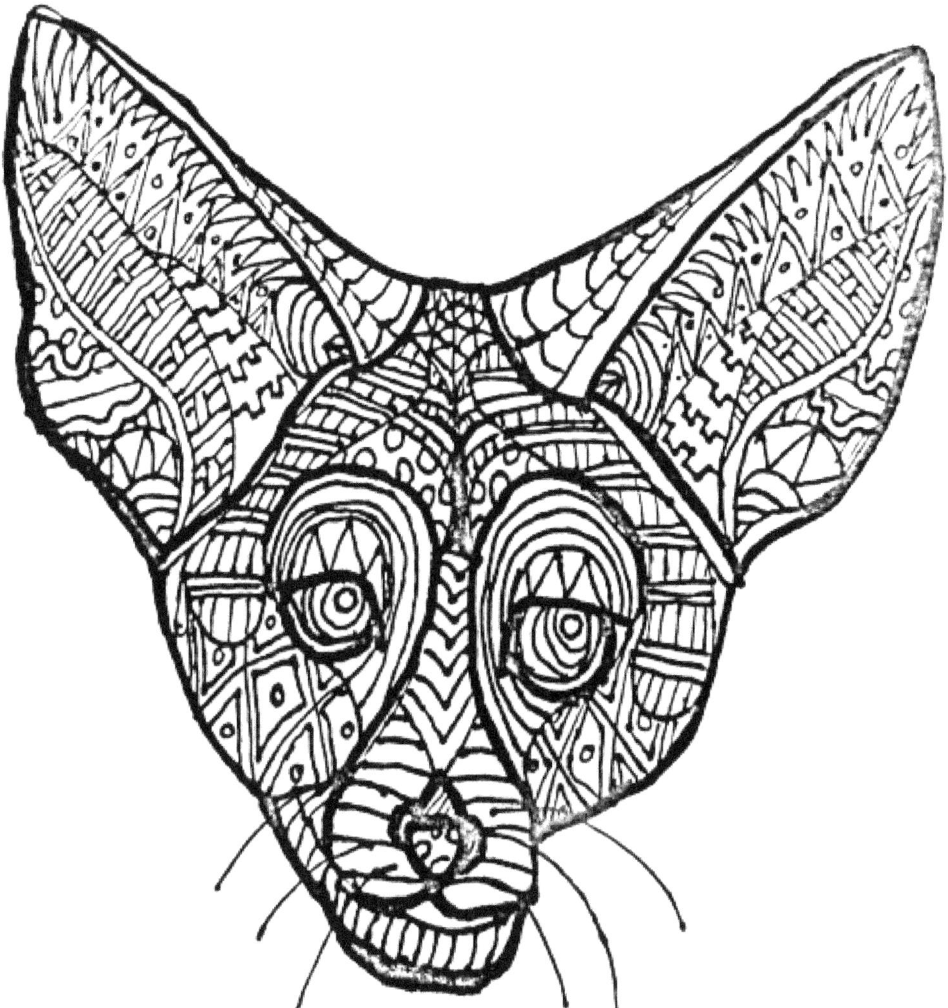

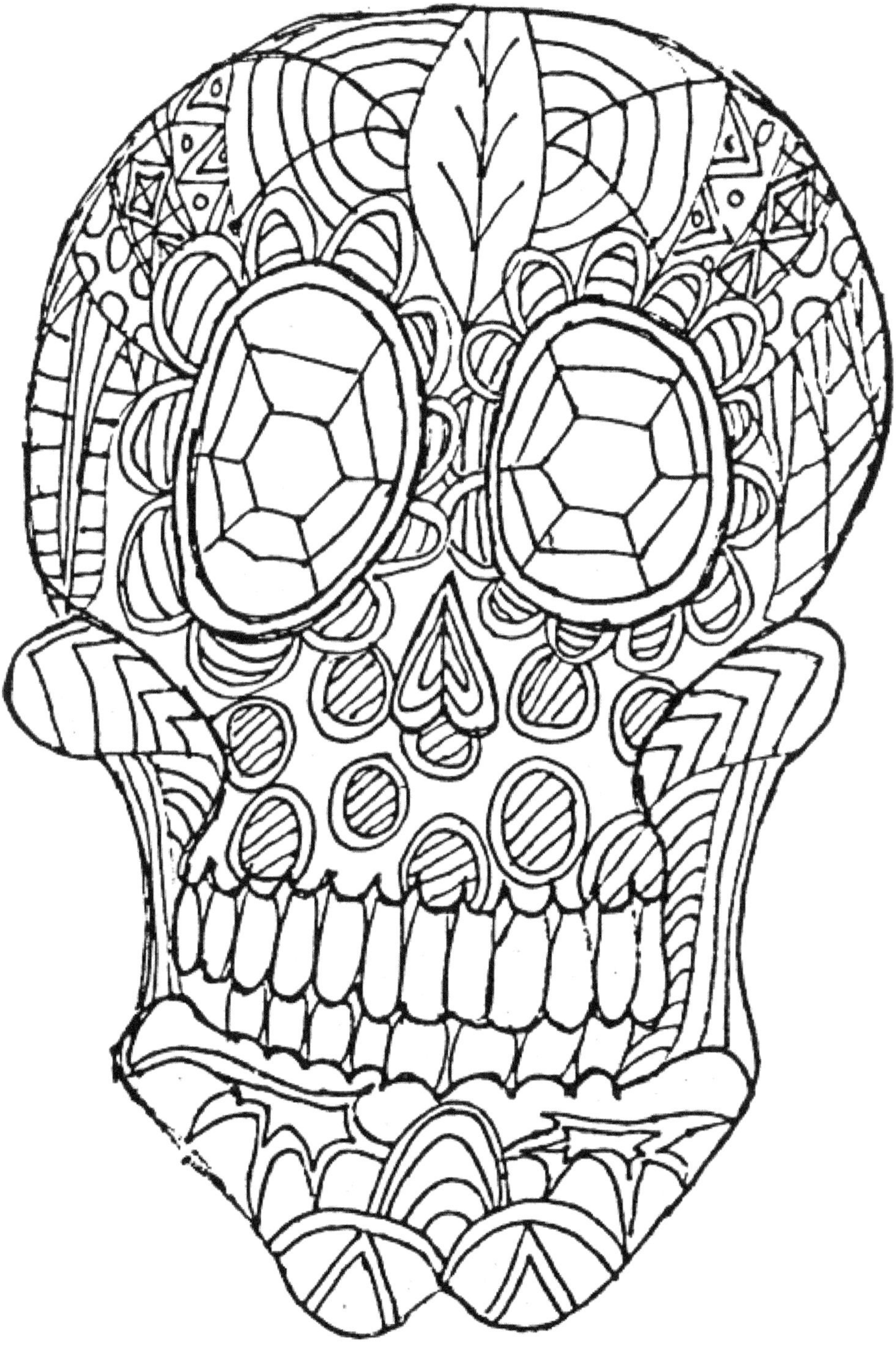

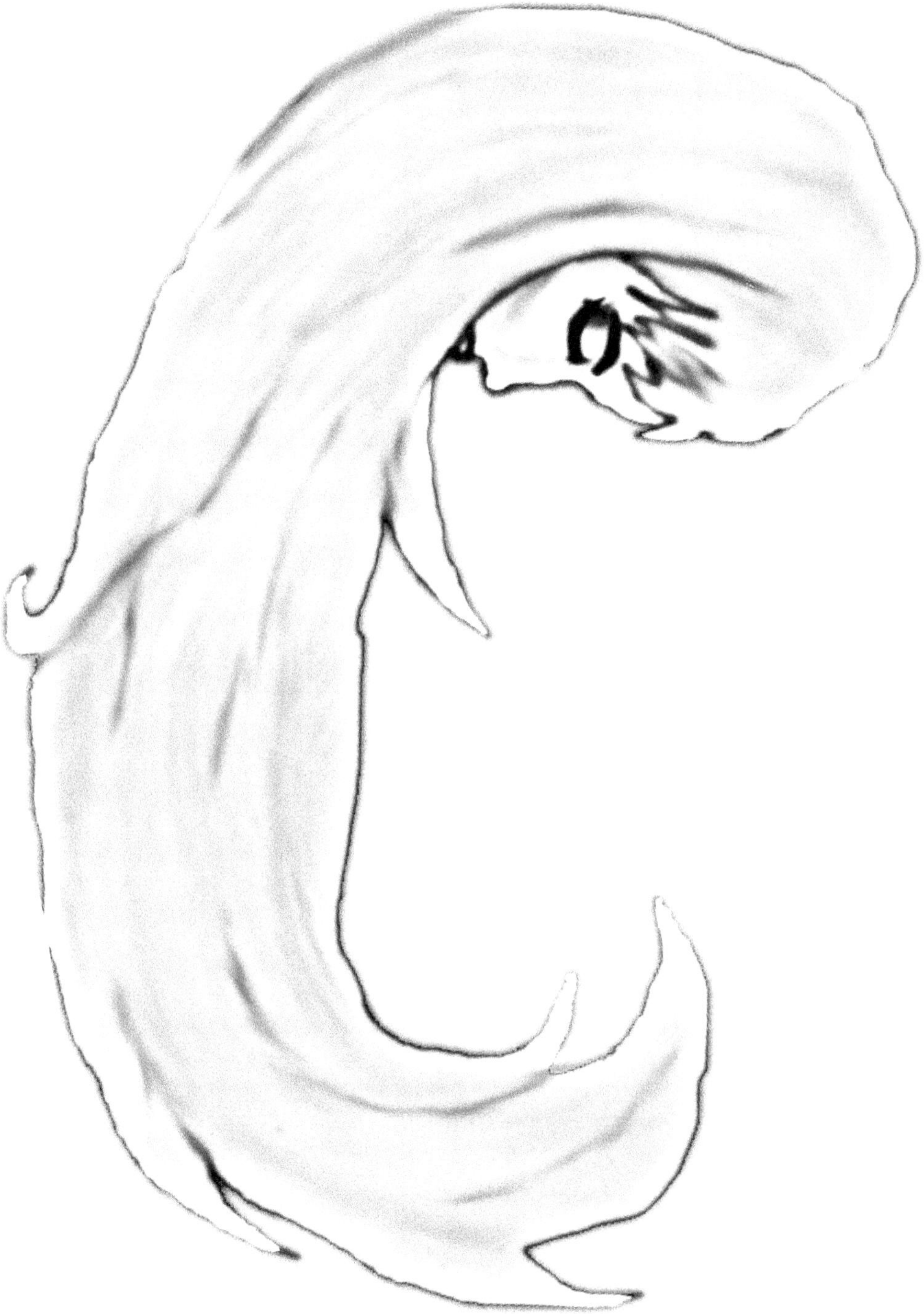

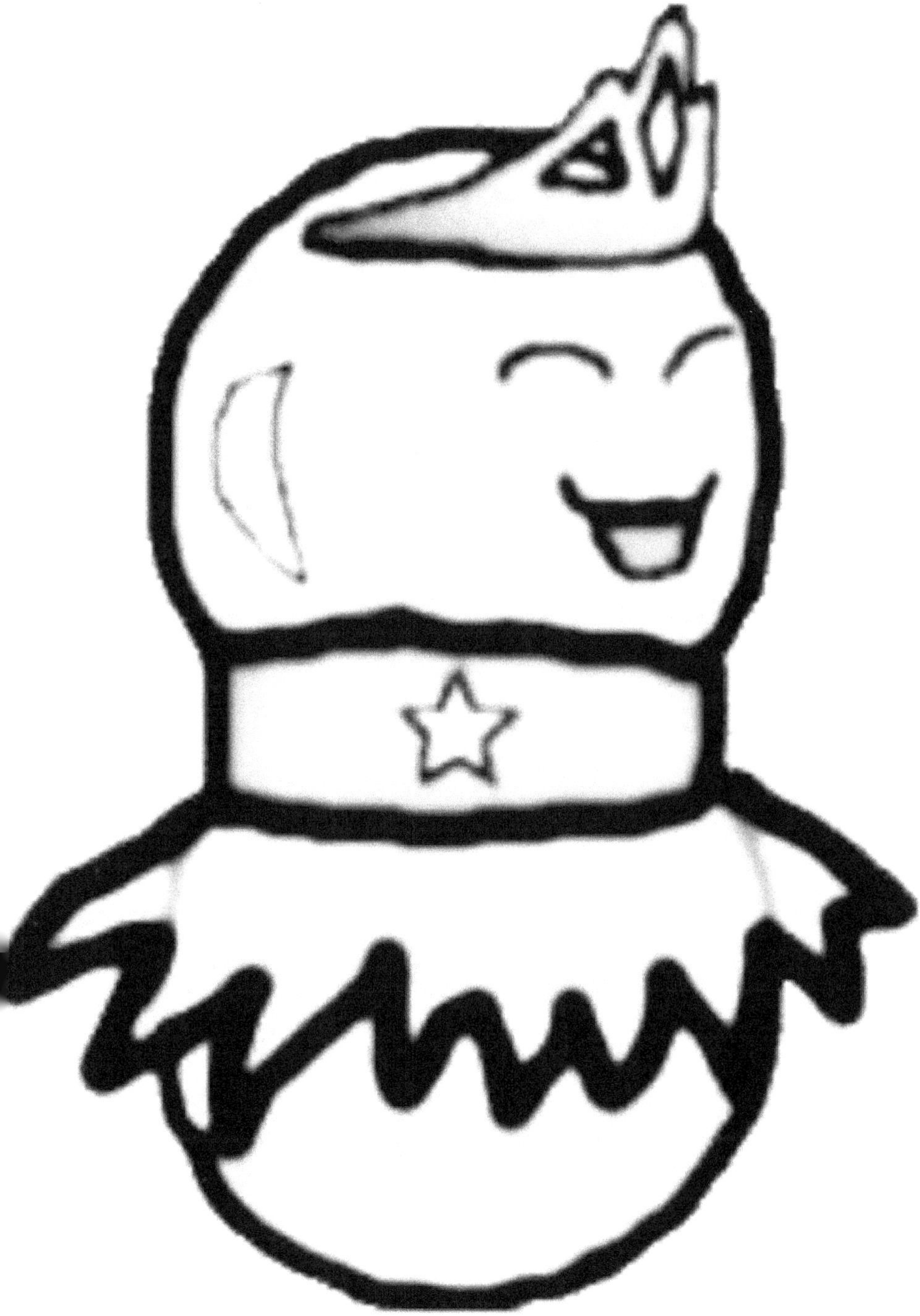

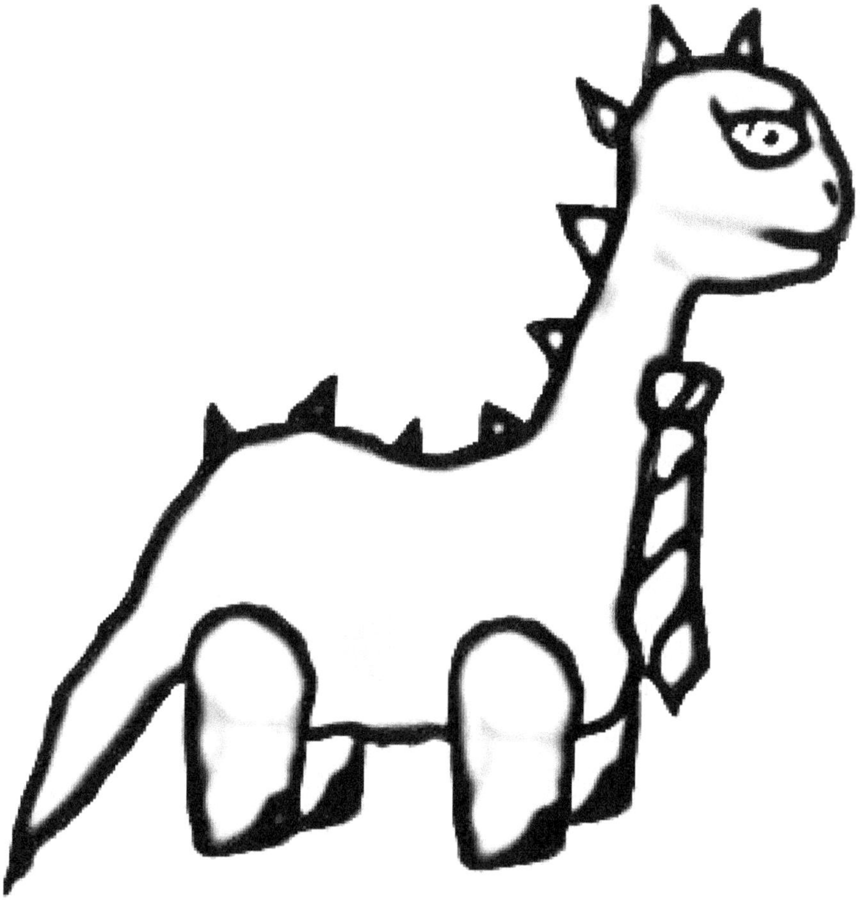

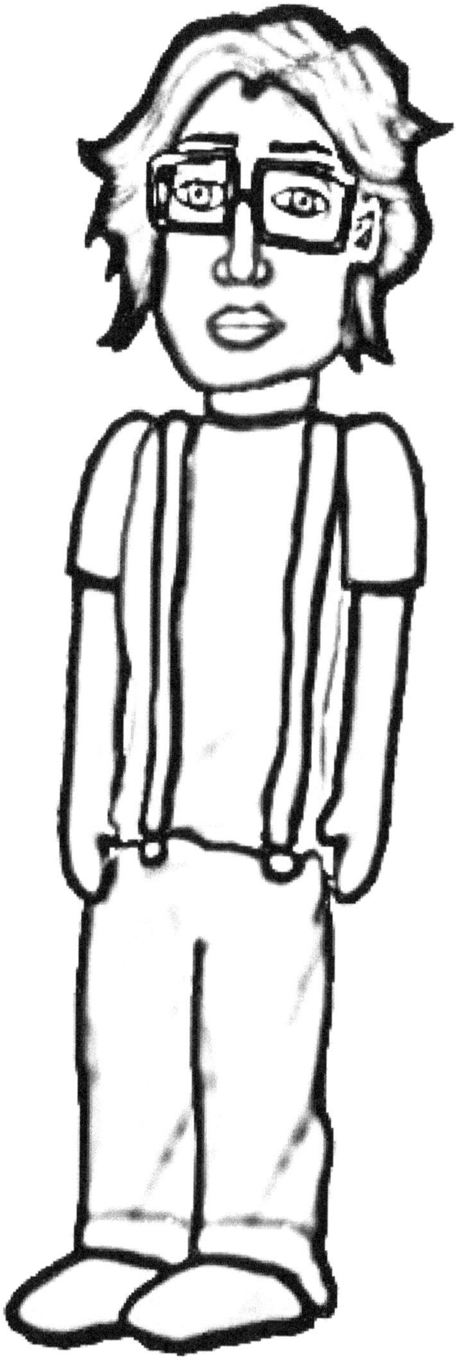

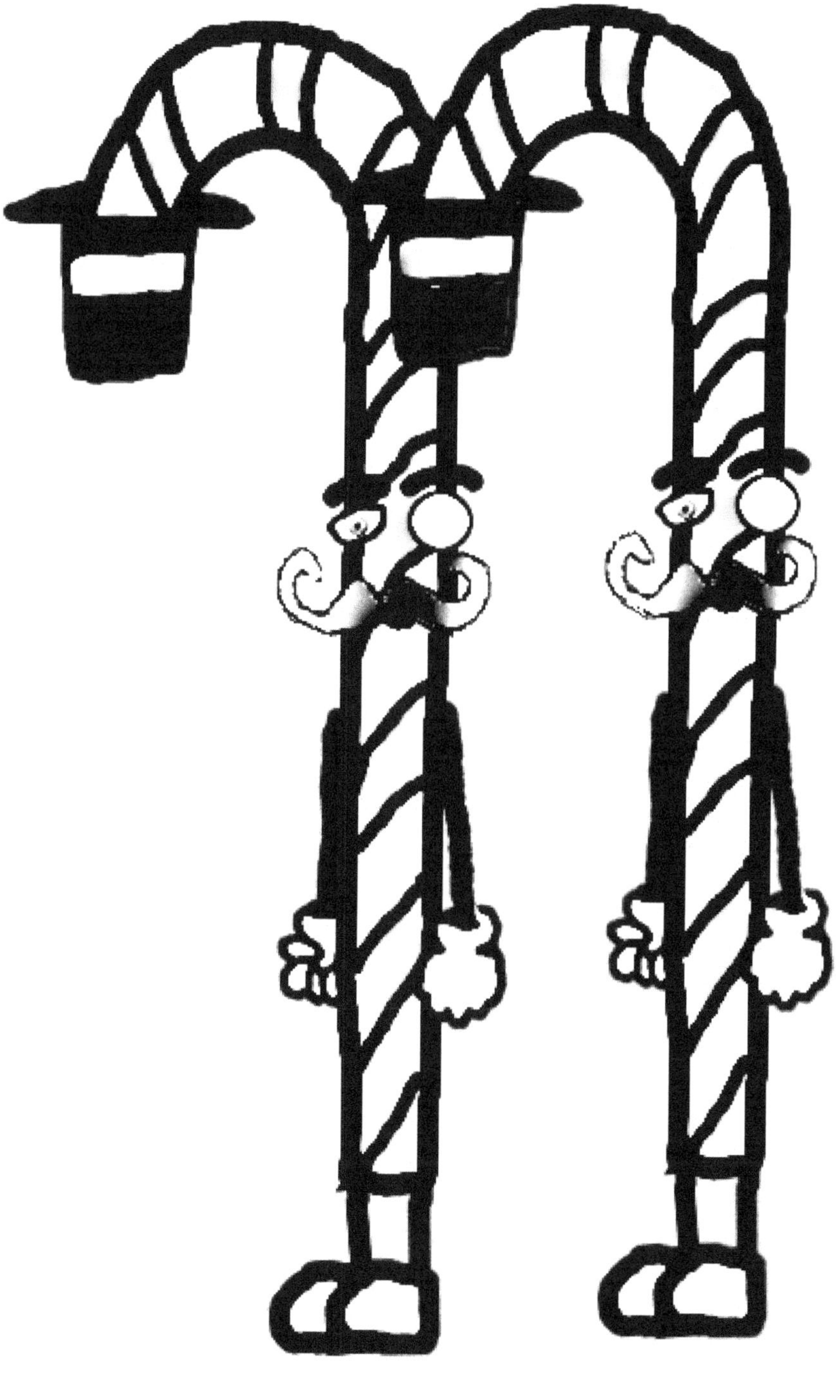

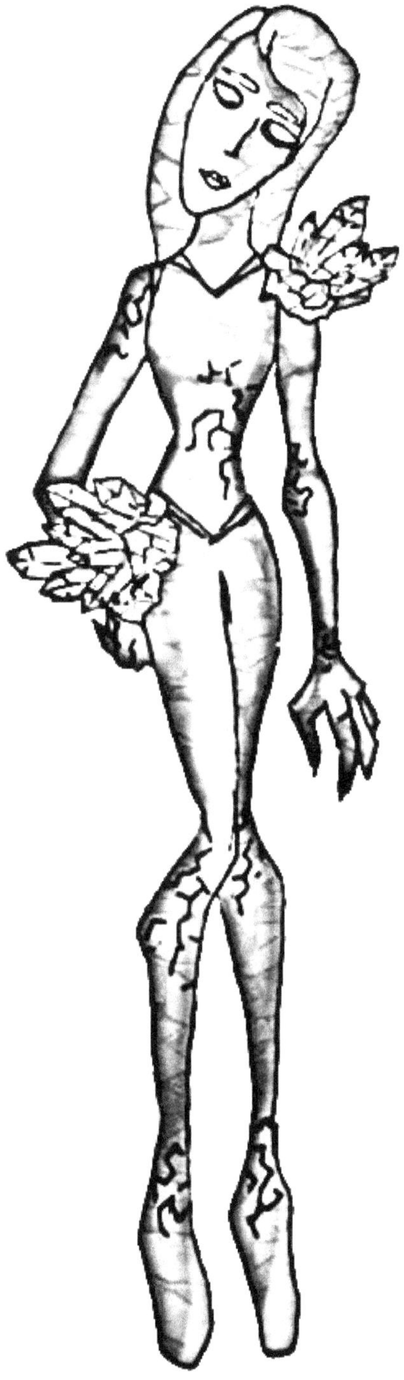

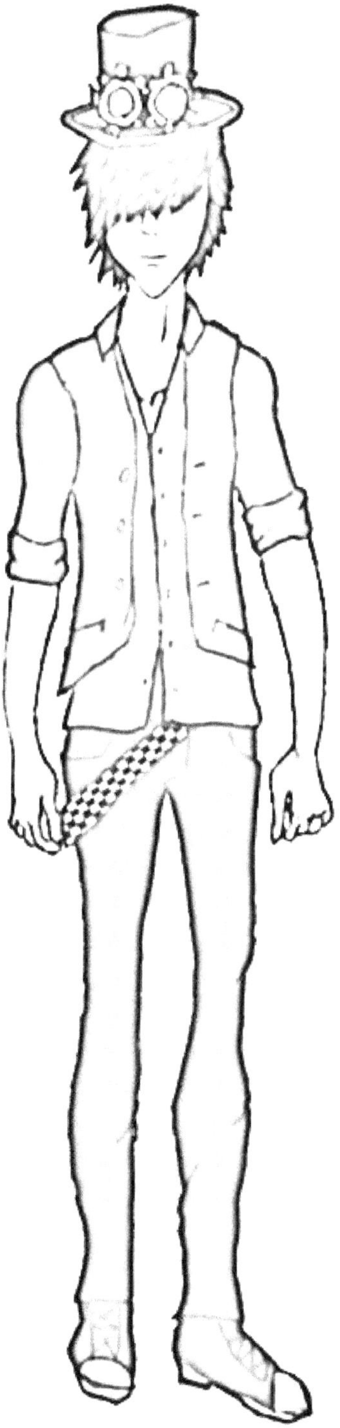

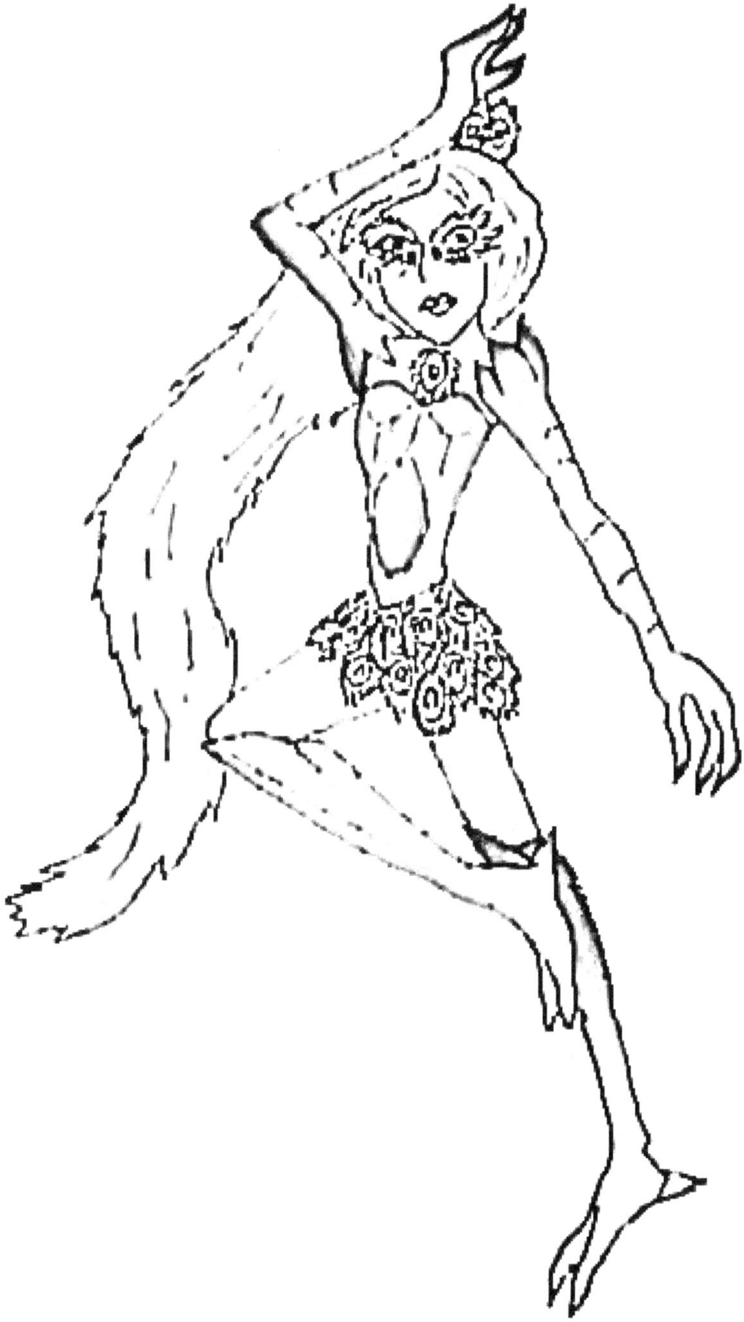

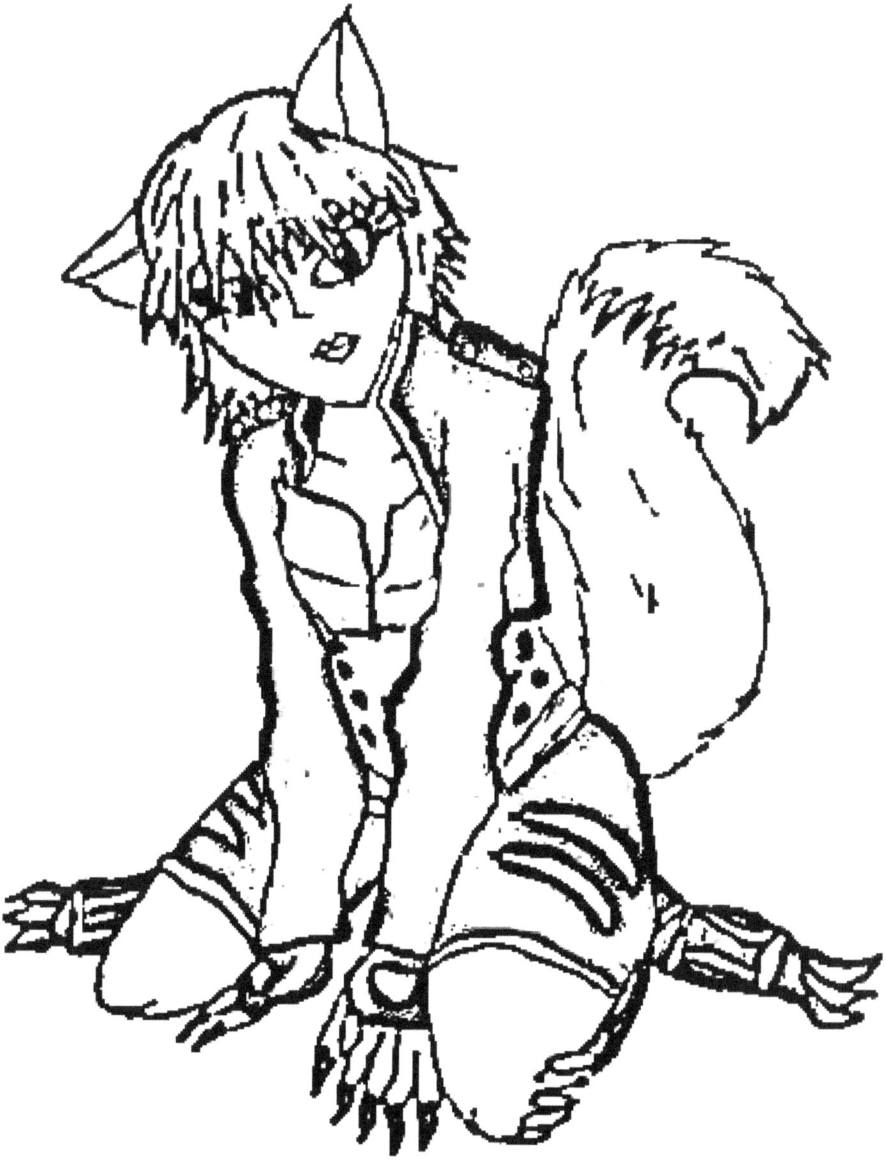

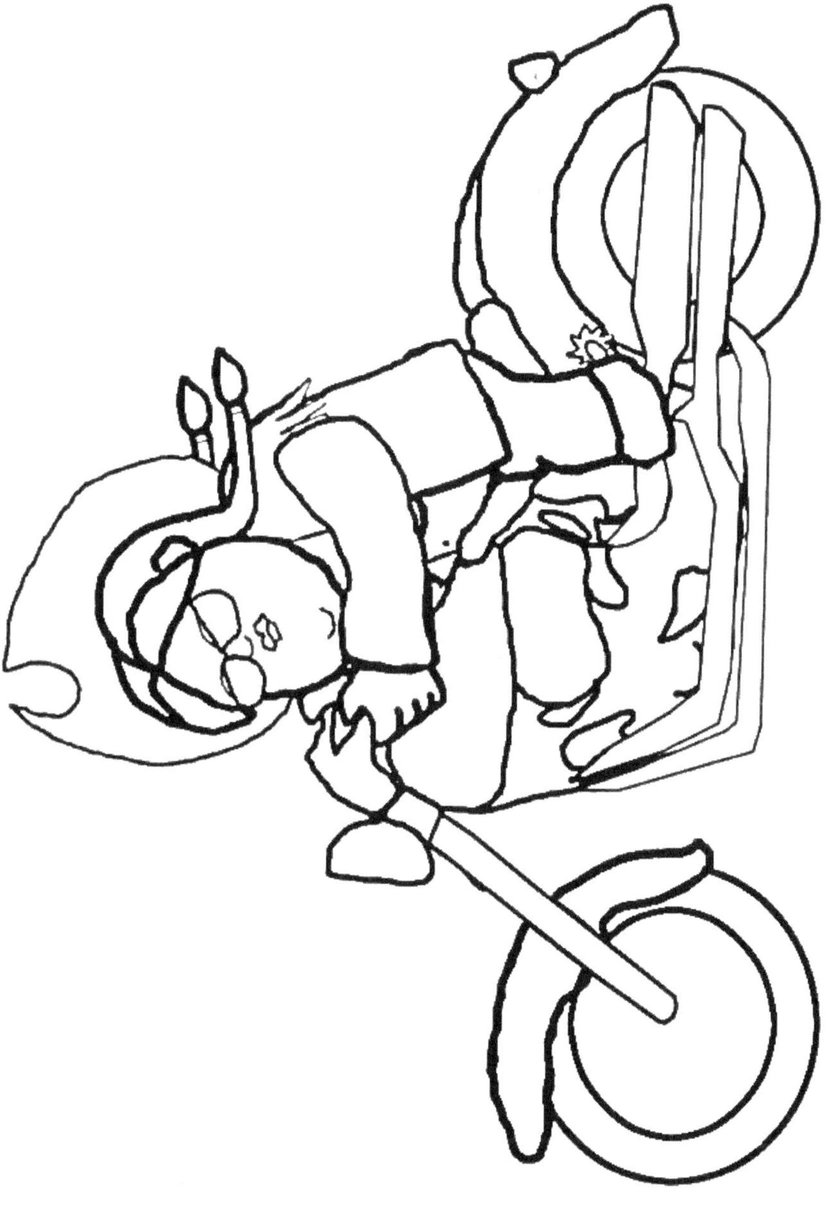

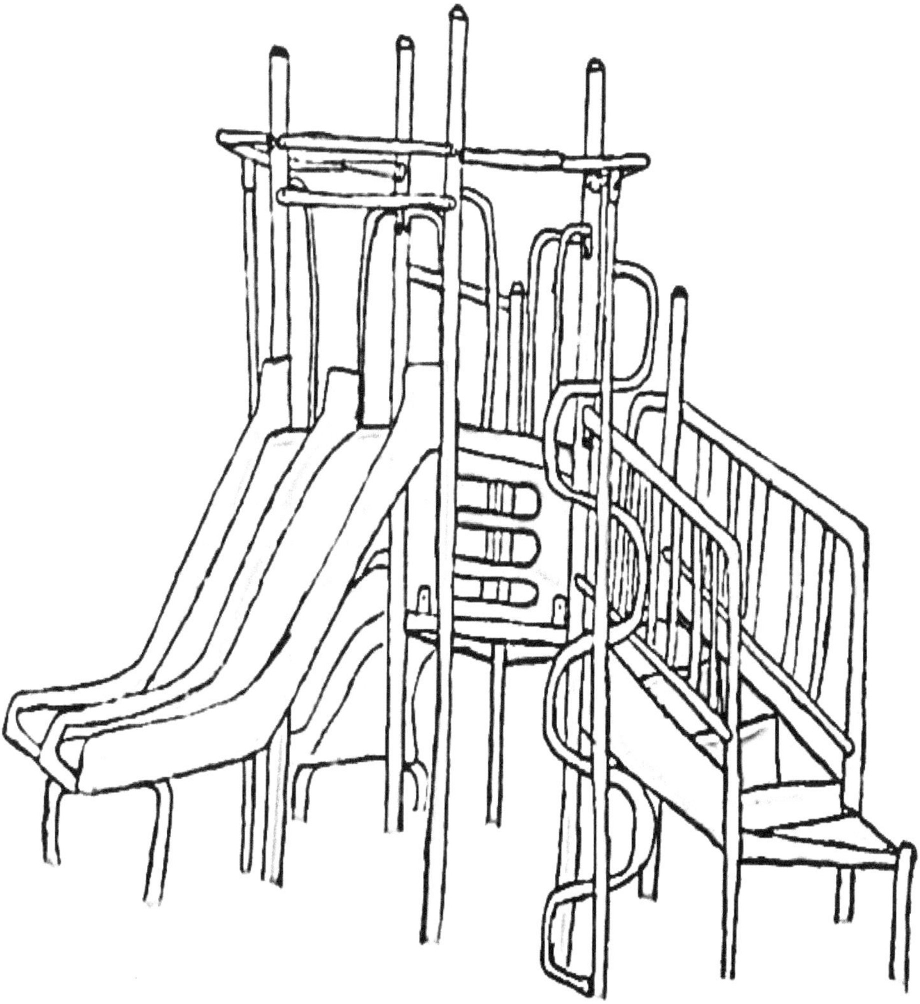

DRAW YOUR OWN

____

DRAW YOUR OWN

DRAW YOUR OWN

____

DRAW YOUR OWN

DRAW YOUR OWN

DRAW YOUR OWN

DRAW YOUR OWN

DRAW YOUR OWN

____

DRAW YOUR OWN

DRAW YOUR OWN

THE END